R. P. DAUX

PANÉGYRIQUE
DE
SAINT ANTONIN

Ln 27/40207

PANÉGYRIQUE

DE

SAINT ANTONIN

PRÊTRE ET MARTYR

PRONONCÉ A LA TRANSLATION DE SA RELIQUE

DANS LA CATHÉDRALE DE PAMIERS

LE 6 SEPTEMBRE 1891

PAR

LE R. P. DAUX

Missionnaire Apostolique

MONTAUBAN
IMPRIMERIE ET LITHOGRAPHIE ÉDOUARD FORESTIÉ
—
1891

En présence d'incertitudes et de contradictions que la critique historique n'est pas encore parvenue à faire disparaître, le panégyriste n'a pas cru devoir s'écarter de la légende adoptée par les Églises de Pamiers et de Montauban.

PANÉGYRIQUE

DE

SAINT ANTONIN

PRONONCÉ A LA TRANSLATION DE SA RELIQUE

dans la Cathédrale de Pamiers

le 6 Septembre 1891

Par le R. P. DAUX

Missionnaire Apostolique

> *Revertetur in terram suam cum opibus multis .. statuto tempore revertetur.*
>
> Il reviendra dans sa terre natale avec de grandes richesses; il reviendra au temps marqué.
>
> (DAN., XI, 28. 29)

ÉMINENCE (1),

MESSEIGNEURS (2),

MES FRÈRES,

Celui qui tient notre destinée dans sa main veille aussi sur nos cendres. Souvent les agitations populaires, les commotions sociales et politiques, bouleversant la terre jusque dans les profondeurs des sépulcres, et dispersant aux quatre coins du monde la poussière des saints, ont pu faire craindre pour l'existence de la religion et de la civilisation elle-même. Mais, comme les flots de l'Océan, ces agitations finissent par se briser au grain de sable que Dieu a jeté sur la côte, et ramènent au rivage, glorieuse

---

(1) S. E. le Cardinal Desprez, archevêque de Toulouse.

(2) MMgrs Rougerie, évêque de Pamiers; Billard, évêque de Carcassonne; Fiard, évêque de Montauban; Lamothe-Tenet, recteur de l'Institut catholique de Toulouse.

épave, les ossements sacrés que l'on croyait engloutis à tout jamais.

Embrassez d'un coup d'œil cette série d'événements providentiels, dont la cérémonie qui nous rassemble est une phase nouvelle, et, à cette heure troublée, comme le gage d'une ère de grâces et de bénédictions.

A l'aurore du Christianisme, sur ce sol enveloppé des ténèbres païennes, naît un enfant que la foi de Jésus-Christ ne tarde pas à captiver. Chrétien, il devient apôtre. Son apostolat lui vaut le martyre, — le martyre sur sa terre natale, par la main de ses compatriotes. Ses restes, jetés dans les flots, sont miraculeusement sauvés. Par ces reliques le miracle continue les bienfaits de l'évangélisation divine; il les continue si bien que l'hérésie et la révolution s'acharnent après ces cendres, les jettent au bûcher et au vent, espérant entraver l'action de Dieu et du Catholicisme.

Mais Dieu et les siens ont veillé. Par des mains inconnues, à une heure ignorée, une notable portion de ces reliques fut confiée à cette catholique nation, qui semble avoir été prédestinée à la garde de ces trésors sacrés. Palencia d'Espagne a recueilli ces restes; elle les vénère sous la crypte de sa merveilleuse cathédrale, et, fière de l'honneur qui lui est réservé depuis bientôt mille ans (1), elle a consenti à s'appauvrir pour rendre à sa ville natale une parcelle de ce corps saint, que la voix de vos pasteurs et votre piété filiale appelaient depuis de longs siècles.

Ainsi, vénéré Pontife de ce diocèse, vos désirs et vos vœux sont enfin réalisés! Grâce à votre zèle, grâce à une intrépidité qui ne compte pas assez avec les forces physiques, voici de retour, au milieu de son peuple, un ossement de cet illustre enfant de Pamiers: une relique de ce

---

(1) D'après la tradition palencienne, dom Sanche aurait transporté à Palencia, vers l'année 1018, les reliques qu'on vénère actuellement dans cette cathédrale.

saint apôtre et martyr dont vous vouliez doter ce vénérable Chapitre, cette antique cathédrale, votre ville épiscopale, ce diocèse, enfin, dont il est le patron. Secondant votre pieuse ambition, répondant à votre appel, nous étions heureux de vous accompagner dans ce lointain pèlerinage, pour nous agenouiller au tombeau du Martyr et y recueillir cette parcelle tant désirée. Elle est là !

Elle est là, fidèles de Pamiers !... Votre frère, votre apôtre, votre saint, votre martyr vous est ainsi rendu. Antonin rentre aujourd'hui dans sa cité; et je ne suis pas étonné qu'à la suite de ce Prince de l'Église, notre vénérable métropolitain, sur les pas de ces pieux évêques, unis à ce nombreux clergé, vous lui formiez un si brillant et si triomphant cortège.

Antonin revient chez lui, grâce à la générosité du Chapitre Palencien, qui, après une réception vraiment princière faite aux compatriotes du Saint, lui a donné pour escorte ces deux illustres représentants (1), que je salue en votre nom, comme de l'autre côté des Pyrénées la noble Espagne a salué en nous la France catholique. Ainsi le lien qui unissait Pamiers à Palencia se resserre plus étroitement; et, lorsqu'il y a cinq jours, au milieu de la touchante cérémonie d'extraction, le sceau capitulaire s'imprimait sur cette Relique pour en attester l'authenticité, nous nous disions : « Voilà scellée, sur le corps et le sang de saint Antonin, l'union indissoluble de ces deux Églises. » Désormais, lorsque au 2 septembre, dans cette formule concise qui, en mettant fin à de stériles discussions, comble d'honneur cette religieuse cité, le Martyrologe romain redira : *Pamiæ in Gallia S. Antonini martyris cujus reliquiæ in Ecclesia Palentina magna veneratione asservantur*, nous inclinerons nos fronts avec respect, et de

(1) Ces deux délégués du Chapitre Palencien sont : Don Sergio Aparicio Vasquez, chanoine lectoral, et Don Francisco Pérez Juarez, chanoine, trésorier de la Cathédrale.

nos cœurs montera cette exclamation : « Oui, Palencia et Pamiers sont unis à jamais par les reliques de saint Antonin; et à Pamiers comme à Palencia ses reliques sont conservées et honorées en grande vénération! »

Parti de Pamiers pour Palencia, Antonin revient aujourd'hui de Palencia à Pamiers, *revertetur in terram suam;* — il revient à l'heure marquée par la Providence, *statuto tempore revertetur;* — il revient, les mains pleines de richesses, *cum opibus multis.*

Telles sont, Messeigneurs et Mes Frères, les trois pensées du texte sacré qui m'ont paru résumer cette providentielle translation. — Et puisque une trop bienveillante confiance impose à celui qui est déjà si heureux d'avoir pu contribuer à vous obtenir cette Relique, le périlleux honneur de porter la parole devant une si imposante assemblée, je m'incline. Fortifié, Éminence, par votre paternelle bénédiction, et assuré, Mes Frères, de votre indulgence, j'essayerai, dans un rapide aperçu, de vous faire connaître et aimer de plus en plus l'enfant, le patron, le bienfaiteur de cette cité Appaméenne.

I

Votre saint martyr revient dans sa terre natale, *revertetur in terram suam.*

Son berceau fut ici, sur ces confins de la Gaule Narbonnaise, dans le vieux Frédélas, dont les eaux torrentueuses de l'Ariège et les ravages du temps n'ont laissé que des ruines. Ce berceau fut-il abrité sous le palais d'un roi, d'un gouverneur de la contrée, d'un chef de peuplade? Les traditions le veulent; la critique historique n'a pu l'établir (1). — Mais que nous importe qu'Antonin ait été le fils d'un grand ou d'un petit de la terre; qu'importe l'élévation ou la bassesse de notre origine terrestre ! Qu'importe aussi l'heure à laquelle la main créatrice nous envoie en ce monde! Pour Dieu, c'est toujours le *statuto tempore*, le moment opportun.

Ce fils de race illustre, *nobili genere*, peut-être même de souche royale, *regia stirpe*, naquit en plein paganisme et d'une famille adonnée au culte des faux dieux. Qu'il ait ouvert les yeux à la lumière sur la fin du Ier siècle ou quelques cents ans plus tard, je sais que, du vivant de saint Paul, la religion du Christ était déjà annoncée dans le monde entier, *fides vestra annuntiatur in universo mundo* (2); je sais que le grand apôtre avait lui-même évangélisé la Syrie, l'Asie Mineure, la Grèce, l'Italie, l'Espagne; je sais qu'au temps de Néron la « superstition nouvelle » faisait trembler à la frontière de notre pays les rois païens qui y tenaient le sceptre (3); je sais que la

(1) Voici les textes des principales légendes : « Natus est patre Fredelao, qui comitis vel reguli nomine eas regiones obtinebat quæ Garumnam inter et Pyrenæos montes protenduntur. » (*Propre des chanoines de Saint-Antonin à Noble-Val, au diocèse de Montauban.*) — « Antoninus, Apamiensis, in Gallia, regia stirpe natus. » (*Bréviaire des Augustins.*) — « Antoninus, ut fert vetus traditio, in Aquitania natus nobili genere. » (*Brév. de Pamiers.*) — « Antoninus Apamiis in Aquitania nobili genere natus. » (*Propre du diocèse de Montauban.*) — « Antoninus, regali genere ortus, cum a prima æta e christianam religionem coleret, Pamiæ, quod est oppidum Galliæ Narbonensis, educatus est. » (*Brév. d'Espagne.*) — « Regali stirpe progenitus, Frecelani, regis Pamiæ, filius. » (*Anc. Brév. d'Espagne.*) — « Appamiis in Gallia Narbonensi natus est Antoninus illustri Romanorum genere patre scilicet consulari, qui alias provinciam Narbonensem egerat. » (*Vita Divi Antonini*, vieux manuscrit de la bibliothèque de M. l'abbé Boitel, chanoine titulaire de la cathédrale de Montauban.)

(2) *Rom.*, 1, 8.

(3) « A Néron César-Auguste, pour avoir purgé la province des bri-

Gaule, reliée de mille façons à la métropole de l'Empire, ne pouvait pas être plus déshéritée du bienfait de l'évangélisation apostolique que les autres nations.

Aussi ne me demandez point qui a dessillé les yeux de notre enfant, quel apôtre lui a annoncé la bonne nouvelle, qui l'a baptisé, instruit dans la vraie foi. Je vous répondrais avec Eusèbe, nos docteurs et nos saints Pères : « De l'Orient à l'Occident, la vérité, pareille à l'éclair, sillona tout à coup les nues, et la prédication de l'Évangile, comme la voix de la foudre, retentit jusqu'aux extrémités du monde » (1). — Celui qui le convertit et le fit chrétien, ah! je le connais, vous le connaissez, Mes Frères : c'est Jésus-Christ.

Antonin entendit ce nom devant lequel tout genou fléchit. Il connut sa prédication, ses œuvres, ses miracles, ses disciples; et, attiré par cette grâce, sans laquelle nul ne peut arriver à la foi, il dit : Moi aussi je serai chrétien !

Chrétien, il le fut; et les pieuses traditions, d'autant plus précieuses qu'elles sont et plus reculées et plus rares, nous montrent notre néophyte : les saintes Écritures à la main, les relisant, les méditant, les réduisant en pratique, s'exerçant à toutes les vertus évangéliques (2). — O restes sacrés du jeune converti redites à nos enfants, redites à leurs pères, à leurs mères que là, là seulement, est la vraie science; que l'Évangile est le flambeau de la foi et de la

---

gands et des gens qui prêchaient une nouvelle superstition. » (Inscription trouvée en Espagne et citée par Baronius dans ses *Annales*, année 69.)

(1) Cf. *Démonstrations évangéliques*, l. III. c. 5. — Voir *Hist. de l'Eglise*, par l'abbé Darras.

(2) « Sacras diu noctuque lectitabat Scripturas, salutaria quæ legebat præcepta, primo opere sedulo complere curabat. » (*Vita D. Antonini*, déjà citée.) It. Vincent de Beauvais, *Speculum historicum*. — Anc. office *d'Espagne*, lec. III.

vérité; que tout enseignement qui s'écarte de cet enseignement n'est que mensonge et perversion.

Eclairé à la lumière de l'Évangile, Antonin tourne ses regards vers le centre de la Catholicité. Que nous nous reportions au temps de Domitien, de Dioclétien ou de tout autre persécuteur (1), Rome faisait battre les cœurs chrétiens plus peut-être qu'elle ne les fait battre de nos jours. Rome était bien encore le foyer du paganisme et le centre de la plus grande puissance matérielle; mais Rome était aussi la ville du Pape, la terre des martyrs, le siège de la plus haute puissance spirituelle. D'ailleurs les chemins qui reliaient la Gaule à l'Italie n'étaient-ils pas constamment sillonnés par les hardis voyageurs de l'Évangile, les pionniers de la civilisation chrétienne ? Votre compatriote se joignit à eux, « désireux, dit l'ancienne légende du Bréviaire, de visiter le tombeau des bienheureux apôtres Pierre et Paul, de voir le Chef de l'Église et d'étancher sa soif à la source même de la céleste doctrine (2). »

Ici Dieu l'attendait. Témoin de la foi ardente, du zèle, de la piété de ce pélerin, le souverain Pontife (poursuit la sainte légende) fut averti intérieurement que c'était là un vase d'élection destiné à porter au loin la foi de Jésus-

---

(1) Aucune légende, aucun bréviaire ne citent de nom d'empereurs ou de persécuteurs; seul le manuscrit de M. Boitel (*Vita*) porte : « Ob acerbissimam Diocletiani persecutionem... sæviente Diocletiani et Maximi persecutione. » Cette *Vie* a été certainement composée à l'aide du *Martyrologium Gallicanum*, qui rapporte lui aussi cet apostolat « sæviente Diocletiano. » Par contre, les manuscrits de la bibliothèque de Meaux et de la bibliothèque royale de Suède font mourir notre saint, qui est bien celui de Palencia, sous Antonin-le-Pieux (138-161); Dioclétien porta la couronne de 284 jusqu'en 305.

(2) « Non vana divagandi cupidine, sed ut ea erat hujus temporis religio, invisendorum Apostolorum studio, desiderio hauriendæ plenius Evangelicæ doctrinæ in ipsis fontibus, Romam venit. » (*Propre de Nobl-Val*, lec. v.)

Christ (1). De par son autorité suprême, le Pasteur des pasteurs impose à Antonin alarmé la terrible charge du sacerdoce ; il l'oint de l'onction qui fait le prêtre (2), et lui montrant la région des Gaules à conquérir : *euntes ergo*, allez, lui dit-il, baptisez et instruisez.

Je le vois Antonin, dévoré par le zèle des âmes, avide des conquêtes pacifiques de l'Évangile et de la croix, soutenu par les paroles de celui qui a reçu mission de paître les agneaux et les brebis, je le vois parmi l'intrépide légion sacerdotale conduite par Denys l'Aréopagite (3). Ensemble ils font voile vers la Gaule...Les voici au port d'Arles. Comme un général, ou plutôt comme Simon-Pierre à la dispersion des apôtres, Denys est là, debout, indiquant du doigt les pays à conquérir. Il divise les soldats de sa petite armée, leur assigne les places fortes qu'il faut arracher au paganisme et sur lesquelles devra flotter l'étendard de Jésus-Christ. A Marcellus il donne l'Espagne ; à Sanctinus il confie le pays des Carnutes, lui adjoignant le futur évêque de Meaux, Antonin le jeune ; et à notre Aquitaine

---

(1) « Quamtumvis sese humilitatis caligine circumvelaret, emicante tamen virtutum ejus splendore et percrebescente signorum ejus fama proditus tandem et ipsi summo Pontifice notus, et imprimis carus fuit. » (*Propre de Noble-Val*, lec. v.)

(2) « Itaque ad se accersitum, et licet modis omnibus reluctantem sacerdotem ordinavit. » (*Propre de Noble-Val*, lec. v.) — « Sacris ordinibus juxta sacros canones initiatus ; ac demum sacerdotali caractere insignitus est. » (*Propre du dioc. de Montauban*, lec. v.) — « Romam adire constituit, ubi virtutibus clarus ad sacrum præsbyteratum ordinem adscitus est. » (*Vita D. Antonini*, jam citat.)

(3) « Dionysius... beato Clemente (papa) valedicto... apud quemdam portum Arelatensem civitatis una cum omnibus qui secum erant appulsus est. Ex quo Marcellum ad Hispaniam, Antoninum in Aquitaniam, verbum mittit seminaturos et roboraturos. (Cf. *Passio S. Dionysii Areopagitæ*; texte intégral dans *Saint Denys l'Aréopagite*, par l'abbé Darras, p. 348, 349.)

il envoie l'enfant de ces contrées, Antonin de Pamiers, *Antoninum in Aquitaniam mittit* (1).

C'est l'heure de son apostolat. Vous comprendrez, Mes Frères, que je ne m'attarde pas à travers cette pérégrination qui, d'après une chronologie fort respectable, dura 40 ans environ. Près d'un demi siècle d'évangélisation ! Et quelle évangélisation, à cette heure où tous les échos vibraient encore de la voix des Paul, des Saturnin, des Martial, des Austremoine, des Trophime, des Gatien ; à cette heure où le sang du Calvaire paraissait encore fumant ; à cette heure où le glaive des persécuteurs faisait plus de brèches au monde païen que de ruines parmi les chrétiens ; à cette heure enfin où, dans le corps à corps de l'erreur avec la vérité, du vice avec la vertu, de la puissance humaine avec la puissance divine, le miracle était mis journellement aux mains des athlètes du Christ pour triompher de la fausse science, de la barbarie, de la persécution.

Aussi, voyez le nouvel apôtre de l'Aquitaine. *Divini Spiritus impulsu varias peragravit provincias* (2), poussé par le souffle de l'Esprit Saint, il parcourt en triomphateur les nombreuses provinces qui séparent les côtes de la Provence des plaines aquitaniques. Sur son passage les idoles s'ébranlent, tombent à la renverse, et des

---

(1) Les *Actes du martyre* de saint Sanctin signalent deux Antonin. Le plus jeune, qui devint évêque de Meaux, était le compagnon de saint Sanctinus, l'apôtre de Chartres. Ainsi le relate l'auteur de ces *Actes* : « Ejusque suffragio Antoninum (qui *junior* ad distinctionem *senioris* Antonini prænominabatur) adhibuit. (Cf. *Passio S. Sanctini ab Hincmaro ad Carolum-Calvum missa*. Voir Darras, op. cit., p. 333.) Le plus âgé vint dans l'Aquitaine.

(2) *Propre du diocèse de Montauban*, lect. v. — « Zelum animarum adjungens, totam circa regionem peragravit ubique Christi Evangelium prædicans. » (**Ex *Vita D. Antonini*.**)

ténèbres de l'idolâtrie les villes, les bourgades, les hameaux voient la splendide lumière de la foi évangélique. Malgré les haines que lui suscite l'enfer, Antonin s'en va toujours jetant dans le sillon qui lui est tracé, la vérité fécondée par ses œuvres et ses miracles. Il arrive au pays des Ruthènes dont il fait le centre de son apostolat ; car c'est le peuple le plus inculte, le plus grossier, le plus adonné à la superstition et au vice.

Là il pénètre jusqu'à Noble-Val, siège du gouverneur de ces peuplades (1) ; il frappe à la porte de ce puissant, comme jadis saint Paul frappa au palais de Néron. Festus est instruit, converti, baptisé ; et, tout à l'heure le voilà à son tour convertisseur de cette contrée que je salue avec respect et amour. Car, je ne puis le taire, Pontife de l'Église de Montauban, le Noble-Val placé aujourd'hui sous votre paternelle houlette, doit à l'enfant de Pamiers et à son grand converti Festus, cette foi, ces mœurs patriarcales qui font de cette importante paroisse un des plus beaux fleurons de votre diocèse. Et avec quel amour ces fils spirituels de saint Antonin ne s'agenouillent-ils pas devant la précieuse relique venue aussi de Palencia, il y a tantôt 20 ans (2), et dont l'inauguration souleva un élan, un enthousiasme que ma langue ne saurait redire, mais que cette translation rappelle dans tout son émouvant souvenir !

(1) « Apud Ruthenos transiens ad fines hujus regionis aliquandiu commoratus est, ubi magnæ authoritatis virum Festum, nomine, ab idolorum cultu ad fidem convertit. Erat autem Festus ille valde dives, multas habens possessiones apud vallem dictam Nobilem, quæ nunc castrum S. Antonini dicitur... » (*Vita* citata.) — lt. cf. *Anc. Office d'Espagne*, et *Propre du dioc. de Montauban*, lect. v.

(2) Cette translation eut lieu le 1er octobre 1872, sous l'épiscopat de Mgr Théodore Legain, assisté de Mgr Bourret, évêque de Rodez, prédicateur de la double cérémonie de consécration de la nouvelle église paroissiale et de l'inauguration de la Relique.

Du Noble-Val, qui bientôt échangera son nom contre celui de son apôtre, Antonin prend le chemin de la terre natale. Où allez-vous, conquérant de Jésus-Christ ? Désertez-vous l'apostolat ? Venez-vous goûter les douceurs du toit familial et attendre dans le repos la récompense due à vos labeurs ?

Non, Mes Frères ; ils ne sont plus ceux qui lui donnèrent le jour ; ses compatriotes l'ont sans doute même oublié. Mais il y a des âmes à arracher à Satan, il y a des gentils à convertir : et Antonin accompagné de quelques ouvriers apostoliques vient porter à son pays les plus grands biens qu'on puisse rêver : la foi, la vérité et l'espérance d'un bonheur éternel.

Que n'invente pas le zèle de cet émule de saint Paul pour gagner vos pères à Jésus-Christ ? Rien ne l'arrête, ni le froid, ni la faim, ni la nudité, ni la calomnie, ni les persécutions ; rien ! Il prêche sur les places publiques, dans les chemins, dans les temples des faux dieux, au milieu des forêts qui couvrent vos montagnes ou qui enserrent ces vallées de l'Ariège. La gentilité, jalouse et confondue par les triomphes de cet apostolat, veut imposer silence et barrer passage à l'apôtre thaumaturge. Comme au temps de saint Paul, de saint Pierre, de Jésus-Christ, les ennemis du nom chrétien cherchent à le prendre dans ses paroles ; ils le dénoncent comme perturbateur du repos public, comme érigeant en face du pouvoir civil une puissance rivale. — Toujours les mêmes accusations ! — Avec l'astuce et l'hypocrisie qui caractérisent les persécuteurs, les voilà ces sicaires tendant des embûches au saint prêtre. Ils le saisissent à l'improviste, le traînent jusqu'aux rives de l'Ariège ; et, ô horreur ! un lâche soldat frappe du glaive ce corps à demi exténué par les veilles, les privations, les labeurs de l'apostolat. Sous le coup du féroce meurtrier, la tête et le bras gauche sont séparés du tronc. Et pour faire disparaître ce témoin accusateur de leur crime, aussi-bien que pour soustraire ses reliques à la piété des fidèles, les bourreaux précipitent dans les flots le glorieux cadavre tout mutilé (1).

Pas plus que votre férocité, vos complots, aveugles persécuteurs, n'arrêteront ni les desseins de Dieu, ni l'apostolat de notre Martyr ! Il reviendra au temps voulu par la divine Providence qui, admirable dans ses saints, veille sur eux parce qu'elle veille sur son Eglise. Il reviendra au temps propice et opportun, *statuto tempore revertetur* ; seconde pensée que nous a inspiré le texte prophétique.

II

Antonin a donc disparu, et il a disparu sur cette terre où, après avoir ouvert les yeux à la vie d'ici-bas, il les ouvrit à la lumière de la foi, et aux éternelles clartés de la vision béatifique. Aussi rassurez-vous, Mes Frères, votre Saint vous sera rendu : il doit continuer son évangélisation et vous prodiguer ses bienfaits.

Les corps des saints martyrs, nous dit le grand évêque d'Hippone, ont coutume de se révéler *quando placuit Creatori* (2), quand le Créateur le juge à propos. Ainsi en a-t-il été de notre Martyr : si Dieu se hâta de le révéler à son peuple, il a aussi marqué son bon plaisir de le faire disparaître et de le ramener à des époques et dans des circonstances vraiment providentielles.

Remarquez d'abord comment les projets des Gentils sont déjoués! Ils ont voulu engloutir dans les eaux de l'Ariège les restes de leur victime ; et voilà que, pareils aux chré-

---

(1) Récit de l'apostolat et du martyre, dans les diverses légendes des Bréviaires ; plus en détail dans la *Vie* manuscrite.

(2) « Apparere solent sanctorum corpora martyrum, quando placuit Creatori. » S. August., *De Martyre Stephano*, serm. 318.

tiens de Rome et de l'Orient, les convertis d'Antonin, les conquis de son évangélisation accourent sur la rive du fleuve. A leur prière, ces flots, naguère rougis par le sang de leur Père, se divisent comme autrefois ceux de la mer Rouge. Les reliques apparaissent... Oh! miracle : le sang coagulé et débarrassé du limon et des eaux se trouve réuni au reste du corps. Qui osera toucher à ces saints ossements; qui aura le courage de s'avancer au milieu des eaux? Qui, Mes Frères? Deux femmes, deux femmes héroïques (1). — N'est-ce pas une femme qui a essuyé le visage ensanglanté du Sauveur; ne sont-ce pas des femmes qui consolent Jésus sur la route du Calvaire; ne sont-ce pas des femmes qui accourent les premières au saint Tombeau! — Oh! femmes, vous que la sainte Liturgie appelle le sexe dévot, c'est-à-dire à la hauteur de tous les dévouements, *devoto femineo sexu* (2), oh! n'oubliez jamais la foi, le courage, l'intrépidité de ces deux femmes de votre cité sauvant, ramenant le corps de votre saint patron, et vous disant par cet acte de dévouement héroïque : « Ramenez, conservez, sauvez la foi de Jésus-Christ, la foi de vos saints au foyer domestique, au milieu de votre peuple et dans cette nation fille des saints. »

Cependant, tandis que ces pieuses chrétiennes ont donné à ces restes vénérés une sépulture digne d'un saint; tandis que la foule des fidèles, attirée à ce tombeau déjà glorieux par les miracles, implore son protecteur dans les persécutions, son consolateur dans les peines de la vie, Dieu a voulu rendre à Noble-Val une portion de ces membres que le glaive du bourreau avait mystérieusement divisés en deux parts. — Une part devait te revenir, ô pays de

---

(1) Cette mention des deux femmes ne se trouve que dans le manuscrit de Suède, déjà cité.

(2) Antiph. Suffrag : *Sancta Maria*.

Festus, toi que le Saint, partant pour l'évangélisation de Pamiers, avait rassuré en disant : « Je reviendrai un jour, et tu me donneras hospitalité dans ta demeure. »

La tête et le bras recueillis par des anges sont montés sur une mystérieuse nacelle. Deux aigles attachés à la proue et à la poupe dirigent l'embarcation, qui de l'Ariège descend dans la Garonne, pour remonter les cours du Tarn et de l'Aveyron jusqu'à la maison de Festus, devenue le premier sanctuaire de notre martyr. — Ah ! je les entends s'indigner nos « dénicheurs de saints. » Je les vois sourire les rationalistes de tous les âges, ces prétendus savants qui ne veulent ni du miracle ni du surnaturel. Oui, oui, criez à la superstition, au fanatisme, à la folie, alors que le peuple croyant voit le doigt de Dieu dans la merveilleuse translation de cette relique à Noble-Val, *digitus Dei est hic* (1). Nous ne vous imposons pas ces pieuses légendes comme articles du Symbole; mais, outre que l'Église n'y a jamais contredit, et que les siècles les ont religieusement acceptées, vous ne pouvez nier la possibilité de voyages miraculeux de reliques, alors que nous pouvons vous montrer la maison de la Vierge transportée de Nazareth à Lorette, et le corps de sainte Catherine de Sienne visiblement porté par les anges sur le mont Sinaï. — Mais laissons nos rationalistes à leur incrédulité; ils ne sont pas ici.

Votre cité et tout le pays du vieux comté de Foix gardèrent et vénérèrent avec piété les chères reliques de leur saint patron. Une église, une abbaye s'élevèrent pour lui former un sanctuaire dans le vieux Mas qui, là-bas, porte encore avec fierté le nom de « Saint-Antonin. » Et si, au temps des luttes et des persécutions qui ensanglantèrent le sol de l'antique Frédélas, il fallut cacher ces cendres au plus épais de la forêt, l'heure vint où, pour la seconde fois,

---

(1) *Exod.*, VIII, 19.

Dieu les rappela magnifiquement à la lumière, *statuto tempore revertetur*.

C'est au IXe siècle. Une grande manifestation se prépare dans le bourg de l'abbaye. Il faut soustraire aux ravages des inondations les précieux restes à peine abrités dans le sanctuaire croulant de Cailloup. A la voix du métropolitain, évêques, clergé, fidèles accoururent de toute la région. Je les vois vos ancêtres, le 19 juin de l'année 887 (1), se mettre en marche vers le monastère à demi-ruiné. Plus libres que de nos jours, — oui, je le proclame, plus libres que de nos jours, — ils portent triomphalement la précieuse châsse à travers les sentiers qui, de la rive gauche, conduisent au Mas-Nouveau, sur la rive opposée. Là, une somptueuse église abbatiale va ombrager ces saintes reliques; le vocable de Saint-Martin fait place à celui de Saint-Antonin; bientôt le pape Boniface VIII érigera cette église en Cathédrale, et un diocèse nouveau se groupera autour du saint patron de Pamiers (2).

Ils sont là ces fidèles, ces prêtres; dans les transports de la joie, au chant des hymnes et des cantiques, au milieu des prodiges et des miracles par lesquels le Saint veut signaler sa translation; ils sont là, debout, témoignant de leur foi et de leur piété filiale, acclamant leur protecteur... Ils ne veulent plus se séparer de leur Père; pendant deux cents ans ils veilleront avec un amour saintement jaloux sur ce glorieux tombeau; et, lorsque en 1474 le vent des discordes civiles vient à souffler, ils prennent de nouveau ces reliques sur leurs épaules, et, dans toute la majesté d'une marche triomphale, aux applaudissements d'un peuple qui veut défendre ses saints et sa liberté, ils les

---

(1) A cette date, tant à Noble-Val qu'à Pamiers, les deux églises célébraient la fête de la translation des reliques, fête qui subsistait encore au moment de la grande Révolution. L'ancienne liturgie en avait un office entier.

(2) La fondation du siège épiscopal fut faite en 1296.

apportent ici dans cette église **Notre-Dame de Mercadal**, devenue désormais votre Cathédrale.

La fête de ce jour nous redit, Mes Frères, les fêtes de ces lointaines époques. Elle les redit non-seulement par l'enthousiasme et l'empressement avec lesquels vous êtes accourus à la rencontre de votre Saint; elle les redit surtout par la présence de ces Pontifes. Oui, Messeigneurs, ils étaient là, il y a dix siècles, ces évêques dont vous tenez aujourd'hui les sièges et les bâtons pastoraux. Il était là, Éminence, l'évêque de Toulouse Bernon; il était là, évêque de Montauban, officiant à titre de métropolitain, ce glorieux enfant de votre ville épiscopale, saint Théodard, archevêque de Narbonne; il était là, évêque de Carcassonne, votre prédécesseur Arnoul; ils étaient là, Géraud, de Cahors; Fulcrand, de Rodez; Éloi, d'Alby. Ils étaient là les abbés de Noble-Val et de Montauriol, dont vous faites revivre, Monseigneur le Recteur, les traditions de science et de piété, dans notre savant Institut catholique; ils étaient là, vénérés doyens et archiprêtres, ces prieurs qui vous ont précédés dans l'administration de vos doyennés; il était là, enfin, évêque de Pamiers, votre prédécesseur Roger de Saint-Lizier Couserans (1).

Et si, au IX⁰ et au XV⁰ siècles, l'heure fut choisie par Dieu, *statuto tempore*, l'heure présente n'est-elle pas encore providentiellement choisie? Il revient dans cette Relique ce prêtre, cet apôtre, ce martyr dont l'Espagne a miraculeusement conservé les derniers restes. Il revient après que l'hérésie protestante a livré aux flammes les parts sacrées que Pamiers et Noble-Val avaient vainement cherché à dérober au vandalisme et à la profanation sacri-

---

(1) Voir l'historique de cette translation dans les *Mémoires de l'histoire du Languedoc*, par Catel, l. IV, p. 621 et 853; It. *Sanctoral*, B. Guidonis; *Series et acta episcoporum Cadurcensium*, par G. de Lacroix (*Cruceus*), p. 45.

lège. Il revient après que 93 a achevé de ruiner jusqu'aux ruines elles-mêmes, *etiam periere ruinæ*. — Sèche donc tes larmes, ô famille orpheline de saint Antonin, *orbata patre civitas, impone luctibus modum* (1); ce Père, qui ne vécut que pour toi, te revient après ses lointaines funérailles, *te quæsivit vivens Pater, te quærit et post funera*. De loin comme de près, ce grand citoyen n'a cessé de tendre à ses compatriotes une main amie et puissante, *redux ad inceptum, sub cive tanto, civibus amica semper astitit manus*. Et à cette hymne qui retentissait jadis sous les voûtes de cette cathédrale, et qui me semble faite pour cette cérémonie, je dois ajouter cette strophe : Il revient, lui prêtre, apôtre, martyr, à cette heure où les prêtres, les apôtres, les martyrs, témoins de la foi, sont si nécessaires à notre société agonisante.

Oui, ô prêtre de Pamiers, donnez un regain de vie au sacerdoce catholique, dont on méconnaît le ministère, le dévouement, les bienfaits. O apôtre de Pamiers, secondez l'apostolat catholique, qui, malgré tout, doit s'étendre à tous les besoins de notre siècle, instruire, convertir, redresser et jeter aux compromissions qu'on lui propose le *non possumus* (2) des apôtres du Christ. Enfin, ô martyr de Pamiers, augmentez notre foi jusqu'à l'effusion du sang, si jamais on nous le demandait : nous vous le disons devant la pourpre cardinalice, symbole du dévouement jusqu'au martyre. Dieu vous envoie à cette heure où la barque de l'Église est ballottée par les flots de la persécution, à cette heure où la société ne peut se sauver qu'en criant au divin Maître, endormi par la lassitude que lui cause notre indifférence : *Salva nos, perimus* (3); au secours, au secours, nous périssons!

---

(1) Strophes de l'hymne des vêpres, au jour de la fête de la translation des reliques.

(2) *Act. Apost.*, IV, 20.

(3) *Matth.*, VIII, 25; *Luc*, VII, 24.

III

Ce secours est assuré par la troisième parole prophétique que j'ai appliquée à ce providentiel retour : *Cum opibus multis*, Antonin revient à nous les mains pleines de trésors.

Est-il besoin, Mes Frères, de démontrer cette consolante vérité, fondement de notre confiance en Dieu et de notre culte aux saintes reliques? La tradition le prouve : nos saints, nos martyrs en particulier, sont encore plus puissants après leur mort qu'au jour de leur passage au milieu des peuples. Ils exercent un apostolat d'outre-tombe souvent plus fécond et plus continu que celui de leur vie parmi leurs contemporains. Après qu'ils sont arrivés au terme bienheureux de leur pèlerinage, ils se plaisent à redevenir les voyageurs de la grâce, les opérateurs de miracles, les conquérants posthumes de leurs survivants.

Ils la connaissaient cette puissance de notre Saint, ces évêques, ces chevaliers, ces paladins, ces seigneurs, ces rois enfin qui, tant ici qu'au sanctuaire de Noble-Val, vinrent s'agenouiller pour implorer son assistance ou le remercier de ses faveurs. En Rouergue, Pépin le Bref fait son pèlerinage au chef sacré du martyr; il le comble de dons, de trésors; il agrandit les domaines des heureux gardiens de la Relique, domaines que Charlemagne, Louis le Débonnaire, Pépin d'Aquitaine, Saint Louis étendent et embellissent à leur tour. Ici, les anciens maîtres de Frédélas, les comtes de Foix, de Toulouse, de Carcassonne, témoins des prodiges qui s'élèvent du saint tombeau, témoins aussi de la confiance que suzerains, serfs et vassaux placent à juste titre dans leur compatriote, établissent des franchises, aident à la construction, à l'embellissement du sanctuaire et de ses dépendances.

Ceux aussi qui toucheront à ces privilèges, à ces pieuses libéralités; ceux qui porteront atteinte aux droits que le Saint et ses dévots serviteurs ont conquis dans la région; ceux qui profaneront ses sanctuaires ou ses reliques sentiront tout le poids de ce bras vengeur, et seront forcés de reconnaître que, plus que jamais, le Martyr est plein de vie et de puissance. Il l'éprouva, le comte de Foix, qui, pour châtiment de ses vexations à l'endroit des protégés d'Antonin, trouva misérablement la mort dans une partie de plaisir. Ils le sentirent ces seigneurs qui, faisant main basse sur les biens de l'abbaye, ou passant avec mépris devant la sainte relique, perdirent et leur fortune et la vie dans des événements providentiellement tragiques. Il le reconnut, ce comte de Carcassonne, qui, terrifié par l'arrêt subit et inexplicable des reliques portées en triomphe, comprenant que ses injustices vont attirer des vengeances, se dépouille de sa chlamyde et en revêt le reliquaire du Martyr, en signe de restitution et d'investiture (1). Il le sentit enfin ce misérable huguenot qui, le 16 février 1568, sur la place publique de Noble-Val, ne craignit pas de repousser du pied, dans le bûcher allumé par les calvinistes, la tête de notre Saint. Soudain les flammes s'attachent à ce profanateur, et, fou de douleur, de désespoir et de rage, il court se précipiter dans les eaux de l'Aveyron, criant : « A mort, à mort, je suis tout feu! » (2).

Ainsi nos saints sont puissants, non moins pour les châtiments que pour les bienfaits. Peuples et rois l'ont expérimenté auprès des reliques de saint Antonin; et si jadis on le vit, à travers ses courses apostoliques, faire jaillir,

---

(1) Relations dans Bertrandi, *De Gestis Tolosanorum*; Catel, Baluze et divers diplômes, aux archives tant de Noble-Val que de Pamiers.

(2) Fait relaté au bas de la *Vita*. La place porte encore le nom *del Buoc* (du feu).

sous son bâton de missionnaire (1), une source miraculeuse qui désaltérât son pieux auditoire et opérât des miracles de guérison corporelle; si, à la translation de ses reliques du vieux Frédélas dans cette cité, il rendit à la vie l'enfant étouffé par les empressements de la foule (2), ah, croyez-le, Mes Frères, votre saint patron n'est pas moins puissant aujourd'hui ; il a toujours les mains pleines de trésors et de bienfaits, *cum opibus multis.*

Oui, comme le chantait l'ancienne liturgie, cette main amie qu'il n'a cessé de tendre à ses compatriotes, ne frustrera jamais votre confiance, *nec usquam supplicem frustrata delusit fides* (3). Veillant sur vos nécessités, il écartera ces maladies, ces fléaux, ces malheurs qui font la désolation de la vie, *nec despicis arcere carni noxia.* Toujours apôtre, du haut de ce reliquaire il continuera à prêcher le Dieu seul capable de combler le vide de notre cœur et de satisfaire nos immortelles espérances, *perennis orator Deum lingua tacente prædicat.* Tous ces bienfaits je les vois dans cet ossement, en apparence bien minime.

Entendez à ce sujet l'illustre docteur de cette Aquitaine évangélisée par notre apôtre, le grand évêque de Nole, saint Paulin. « La bienfaisante présence des saints, nous dit-il, ne se fait pas sentir seulement là où repose leur corps entier ; mais partout où réside la plus petite parcelle, leur main s'y trouve avec toute sa puissance, *sed quacumque pii est pars corporis, et manus exstat.* Dieu veut par là nous montrer ce qu'il accorde de crédit au mérite de ses serviteurs, *contestante Deo meriti documenta beati* (4).

---

(1) Miracle reproduit par la peinture, notamment dans un vieux tableau conservé en Italie, dans l'église Monteporzzio Catone.

(2) Légendes des bréviaires, vies et hymnes relatent ce miracle.

(3) Suite des strophes de l'hymne vespérale déjà citée.

(4) « Neque tantum qua jacet ora totum corpus, ibi positorum gratia vivit, sed quacumque pii... » *Poëm.*, xxvii, 40 et seqq,

Vous donc, pieux habitants de cette cité et des alentours, vous qui représentez le diocèse de Pamiers dans cette fête célébrée en l'honneur du retour de votre saint, de votre apôtre, de votre patron, de votre concitoyen, apportez désormais devant cette précieuse châsse une confiance sans mesure. Elle sera ici constamment exposée à votre vénération ; et, par l'abondance des grâces qui en descendront, vous reconnaîtrez, comme l'exprime l'Eglise dans la bénédiction des vases destinés à renfermer les restes des saints, vous reconnaîtrez « qu'il n'y a pas de distinction entre cette relique partielle et le corps entier (1) » d'Antonin de votre Père en Jésus-Christ. Oui, il sera là votre Saint, revivant tout entier au milieu des siens pour les assister de la force de son bras, de ses exemples et de ses vertus. Un grand évêque vous le dit magnifiquement : « L'apostolat des saints ne finit pas avec leur vie terrestre ; leurs reliques ont aussi une mission, et leurs tombes ne voyagent que pour évangéliser (2). »

Messeigneurs, Mes Frères,

Ramené du tombeau de Palencia sur sa terre natale, *revertetur in terram suam* ; ramené à l'heure choisie par Dieu, *statuto tempore* ; ramené les mains chargées de bénédictions, *cum opibus multis*, Antonin est là. Comme Jacob il veut étendre sa main bénissante sur le front de chacun de ses fils ; comme lui il vous crie : « Assemblez-vous, afin que du haut de cette couche splendidement préparée par votre piété filiale, je vous

---

(1) « Quatenus fideles tui, magnitudine sive universitati beneficiorum tuorum in parte modica reliquiarum integra sanctorum corpora se percepisse glorientur. » Pontif. Rom., *Form. Benedict. Capsarum*, orat. 2.

(2) Mgr Gerbet, an. 1853.

donne la bénédiction paternelle du retour. Venez tous, enfants de Pamiers, fidèles, indifférents, incroyants, écoutez la voix de votre père, *congregamini et audite, filii Jacob, audite, Israel, patrem vestrum* (1).

« Toi, Ruben, l'enfant de ma douleur, *principium doloris mei*, toi, chrétien qui méprises la grâce, oh ! je te bénis ; reviens à Dieu !

« Toi Siméon, toi Lévi qui, abusant de votre puissance, persécutez les enfants de Dieu, *vasa iniquitatis bellantia*, remettez le glaive au fourreau, car l'ère des martyrs doit être passée depuis que j'ai donné mon sang pour vous civiliser ; vous aussi je vous bénis, comme j'ai béni mes bourreaux.

« Vous Zabulon, Issachar, Gad, Aser, Nepthali, âmes justes et ferventes, prospérez, prospérez au milieu de l'abondance et des bénédictions du Seigneur. Je vous bénis comme je bénissais les pieux chrétiens qui faisaient la joie de mon apostolat.

« Toi, Benjamin, toi nouveau-né à la vie de la terre, nouveau venu à la vie de la grâce, oh ! grandis et étends le règne de Dieu ! Pour cette œuvre sublime, je te bénis.

« Toi, Juda, race sacerdotale, clergé de ce diocèse, oh ! je te bénis. Le sceptre de la puissance spirituelle ne tombera pas de tes mains, *non auferetur sceptrum*. Nous vaincrons le monde ; et, après nous avoir mis à mort, le monde reconnaîtra nos bienfaits et bénira notre mémoire.

« Enfin, ô fils de ma prédilection, ô Joseph, pasteur de ce diocèse, toi qui as recueilli mes restes pour les rendre à la terre de mes pères, *sepelite me cum patribus meis*, toi, je te bénis de bénédictions accrues de toutes les bénédictions que tes fils spirituels te donnent aujourd'hui et qu'ils te rediront comme un éternel merci, *benedictiones patris tui confortatæ sunt benedictionibus patrum*

(1) Bénédiction prophétique du patriarche Jacob, *Gen.*, XLIX, 1 et seqq.

ejus, donec veniret desiderium collium œternorum.

C'est vous, Eminence, qui devez verser sur nos têtes ces précieuses bénédictions. Élevez dans vos mains princières cet ossement inanimé. Élevez-le bien haut, pour que la cité, le diocèse entier le voient à travers ces murailles derrière lesquelles, hélas ! nous gémissons de nous trouver captifs. Antonin aurait voulu revoir sa ville, en ce jour; il aurait voulu bénir ces rues, ces foyers, ces places publiques. Aux temps barbares, il était libre; en pleine civilisation, il est esclave !...

Mais, puisque on ne saurait imposer des chaînes aux prières et aux bénédictions, bénissez, ô Martyr, bénissez ceux qui vous martyrisent encore; bénissez nous tous par cette ostension que la main d'un Cardinal, soutenu par ces nouveaux Aarons, va faire au-dessus de nos têtes pieusement inclinées.

Et nous, Mes Frères, prosternés, courbant nos fronts sous cette bénédiction paternelle, faisons monter vers notre protecteur la prière que redit perpétuellement la devise du vénérable Chapitre gardien de ce trésor : « *Fluctibus immergor, ni tuus adsit amor* ; Saint Antonin, la tempête menace, les flots vont nous engloutir ! Abrités dans votre châsse, miraculeuse nacelle, grâce à votre paternel amour, nous aborderons au port de la bienheureuse éternité ; *Fluctibus immergor, ni tuus adsit amor* (1). »

---

(1) Exergue du sceau capitulaire de Noble-Val, employé aussi quelquefois par le Chapitre de Pamiers.

CABILDO CATEDRAL DE PALENCIA

CHAPITRE CATHÉDRAL DE PALENCIA

Perillustri Decano et Capitulo S. Ecclesiæ Cathedralis Appamiensis.

Au très illustre Doyen et au Chapitre de l'Eglise Cathédrale de Pamiers.

Decanus, Capitulumque Ecclesiæ Palentinæ libentissime vestras accepit litteras, gaudentique animo suum fraternale amoris obsequium offert perillustri Capitulo Ecclesiæ Appamiensis, quam semper veluti charissimam sororem habuit. Nam ecclesiarum tum Palentinæ, tum Appamiensis, honor reverentiaque maxima semper fuit erga utriusque Patronum Sanctum Antoninum, cujus corpus, Pamiæ tumulatum, ejus vero caput, humerum, brachiumque dextrum inoppidum Vallis-Nobilis, postea Sancti-Antonini dictum, in Diœcesi Mont-Albanensi, delatum et honorifice conditum est.

Le Doyen et le Chapitre de l'Eglise de Palencia ont accueilli avec empressement votre lettre, et c'est avec un cœur joyeux qu'ils offrent leurs sentiments de fraternelle affection au très illustre Chapitre et à l'Eglise de Pamiers, qu'ils ont toujours considérée comme une sœur bien aimée. Car les deux Eglises de Palencia et de Pamiers n'ont cessé d'entourer du plus grand honneur et du plus religieux respect leur commun patron saint Antonin, dont le corps fut déposé à Pamiers, et dont la tête, l'épaule et le bras droit furent transportés et conservés avec honneur dans la cité de Noble-Val, plus tard appelée Saint-Antonin, au diocèse de Montauban.

Cum vero, sæculo undecimo, uti fert antiquis-

Durant le cours du onzième siècle, d'après l'ansima ac venerabilis Ecclesiæ Palentinæ traditio, Sanctius Navarræ, Vasconiæ ac Castellæ Rex, ecclesiam Palentinam a Sarracenis dirutam restaurare cuperet, eo splendore, quo sub visigothica dominatione floruerat, ipsi Ecclesiæ donavit humerum et brachium invictissimi Martyris quod ab oppido Vallis-Nobilis seu Sancti-Antonini in Palentiam transtulit. Ecclesia vero Palentina usque nunc Sanctum Antoninum uti primum totius Diœcesis Patronum semper agnovit ejusdemque reliquias honore non interrupto coluit.

Et cum postea sæculo decimo sexto Calvinistæ impia ac feroci rabie imagines, reliquiasque Sanctorum persequerentur, Capitulum Ecclesiæ Palentinæ sciens Ecclesiam Appamiensem pene dirutam, canonicosque ab hæreticis dispersos esse, voluit omnes sui Patroni reliquias congerere ut simul cum iis quæ in Cathedrali Palentina servabantur colerentur; ast propositum perficere non potuit, nam reliquiæ quæ Pamiæ ac Valle-Nobili fuerant repositæ a præfatis hæreticis omnino concrematæ aut dispersæ sunt mense Decembris anni Domini M. D. L. XVI et mense Maii anni M. D. L. XXXVI uti ex aliquibus documentis a Capitulo Palentino asservatis constat.

tique et vénérable tradition de l'Eglise de Palencia. Sanche de Navarre, roi de Gascogne et de Castille, voulant restaurer l'Eglise de Palencia, détruite par les Sarrasins, et lui rendre la splendeur dont elle avait brillé sous la domination des Visigoths, donna à cette église l'épaule et le bras de l'invincible martyr, qu'il transporta de la cité de Noble-Val ou de Saint-Antonin à Palencia. L'Eglise de Palencia n'a cessé de reconnaître saint Antonin comme le premier patron du diocèse tout entier, et d'entourer ses reliques d'un culte religieux qui n'a jamais subi le moindre affaiblissement.

Lorsque au seizième siècle les Calvinistes poursuivaient d'une rage féroce et impie les images et les reliques des saints, le Chapitre de l'Eglise de Palencia, ayant appris que l'église de Pamiers était presque détruite, et que les chanoines avaient été dispersés par les hérétiques, voulut recueillir toutes les reliques de son saint patron afin qu'elles fussent entourées des mêmes honneurs que celles qui étaient conservées dans l'église de Palencia; mais il ne put réaliser ce dessein, car les reliques qui avaient été déposées à Pamiers et à Val-Noble furent entièrement brûlées ou dispersées par les hérétiques au mois de décembre de l'an de Notre-Seigneur quinze cent soixante-six et au mois de mai de l'an quinze cent quatre-vingt-six, comme l'attestent plusieurs documents conservés par le Chapitre de Palencia.

Nunc vero, hoc Capitulum, ex sui Episcopi consulto et approbatione, unanimi voce decrevit, aliquam partem ex ossibus humeri et brachii Sancti Antonini Ecclesiæ apamiensi offerre, et debita reverentia ac solemnitatibus, quæ de more servandæ sunt, personis a vobis deputatis tradere, ut honor atque cultus clarissimi Christi Martyris augeatur, ejusque nomen novo fulgeat splendore, ubi martyrium pro Christo passus est.

En ce jour donc le Chapitre, après avoir pris conseil de son Evêque et obtenu son approbation, a décidé d'une voix unanime d'offrir une partie des os de l'épaule et du bras de saint Antonin à l'Eglise de Pamiers, et de la remettre, avec le respect et avec les solennités qui conviennent en pareille circonstance, aux personnes que vous aurez députées dans ce but, afin que l'honneur et le culte du très illustre martyr du Christ soit augmenté et que son nom brille d'un nouvel éclat dans la ville et dans la région où il a souffert par amour pour Jésus-Christ.

Datis Palentiæ, die decima Martii anni Domini millesimi octingentesimi nonagesimi primi.

Donné à Palencia, le 19 mars de l'an de Notre-Seigneur 1891.

Deogratias CASANUEVA.
Decanus.

Deogratias CASANUEVA.
Doyen.

Nicolaüs A BRAVO.
Canonicus.

Nicolas DE BRAVO.
Chanoine.

De mandato perill. Dec. et Cap.

Par mandement du très ill. Doy. et du Chap.

Jul. DE DIEGO ET ALCOLEA.
Canon. Mag. Pro. Sec.

Jul. DE DIEGO ET ALCOLEA.
Chan.-magistral pro-sec.

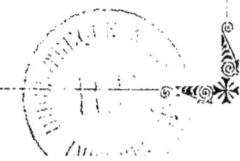

7

www.ingramcontent.com/pod-product-compliance
Lightning Source LLC
Chambersburg PA
CBHW060506050426
42451CB00009B/845